HENRI DERROULT

LA FRANCE

ET

L'ALLEMAGNE

DEVANT L'EUROPE

50 Centimes

PARIS

CHEZ TOUS LES LIBRAIRES

1887

HENRI DERROULT

LA FRANCE

ET

L'ALLEMAGNE

DEVANT L'EUROPE

PARIS

CHEZ TOUS LES LIBRAIRES

1887

LA FRANCE

ET

L'ALLEMAGNE

DEVANT L'EUROPE

Il y a toujours dans l'histoire des peuples une heure psychologique où leurs destinées dépendent autant de leur énergie intellectuelle et physique, de la concentration de leurs forces, que de l'unité dans les idées qui fait l'union des individus. Telle est entrée l'Europe actuelle dans une de ces périodes, où les événements les plus futiles peuvent amener le bouleversement des empires.

La gravité de la situation politique ne saurait échapper à personne : nul ne le conteste. Les esprits les moins clairvoyants se recueillent, sentant instinctivement se rapprocher la tempête qui entoure l'horizon, prête à éclater de toutes parts. Or, au milieu des complications qui se succèdent ; des luttes du panslavisme et du pangermanisme, du sein desquelles naissent dans des traînées de sang de petits royaumes, tels que l'Herzégovine, la Bosnie, la Bulgarie, le Monténégro dont les rois ne sont que les grands vassaux de puissants empires, qui ne semblent leur avoir donné une autonomie politique et territoriale, moins dans le but d'augmenter leur liberté que dans celui d'agrandir leur propre puissance ; devant Berlin qui se ramasse, prêt à bondir sur sa proie ; devant la Russie qui gronde au Nord et maintient inquiète l'Allemagne, alors que, rugissant au Midi, de son ongle puissant elle arrache tour à tour quelques lambeaux d'empire à la Turquie, arrête l'Autriche sur le Danube et fait frissonner l'Angleterre, puissance énorme qui, sentant grandir le colosse, et redoutant de voir dispraître sa suprématie en Asie suppute les jours où, le rencontrant dans les plaines de l'Indoustan, le sort des batailles décidera des destinées de l'Empire des Indes ; peut-être même l'heure plus rapprochée où la hache des czars brisant la licorne d'Angleterre et le croissant des sultans, fera resplendir la croix grecque sur les mosquées de Constantinople. Devant toutes ces puissances qui s'épient, se jalousent et se heurtent ; devant toutes ces compétitions qui peuvent amener à chaque instant une conflagration générale, nul ne saurait se désintéresser de l'avenir des races latines.

Et certes, à n'en considérer que les branches principales : la France, l'Italie et l'Espagne, il y a là, pris dans son unité, un faisceau de puissances capable de résister aux plus formidables coalitions européennes ; mais, constatons-le, ces trois peuples qui ont tour à tour dominé le monde, se sont rarement rencontrés dans une idée commune pour imposer leur volonté et semblent, au contraire, avoir usé la plus grande partie de leur énergie dans des luttes au milieu desquelles devaient fatalement finir par sombrer leur prépondérance.

Or, l'Empire Romain après avoir porté la civilisation au plus haut degré, après avoir, sous la puissance de ses proconsuls, fait incliner les rois de l'Asie, détruit Carthage, imposé ses lois à la Grèce, soumis la Grande-Bretagne, dominé l'Espagne, conquis la Gaule, ne sut point conserver les pays qu'il avait soumis à sa domination et, tombant successivement de la vertu des Gracques et des Scipions à l'ambition de César, d'Auguste à Tibère, de Caligula à Néron, après avoir tremblé devant les gardes prétoriennes, après Claude et Messaline, après Vitellius, Domitien, Commode, Caracalla, Héliogabale ne pouvait éviter Augustule.

Quelle force Rome qui avait perdu jusqu'au souvenir des vertus de ses ancêtres, qui s'était avachie sous le despotisme de ses Césars, dont le luxe effréné était devenu la seule ambition et se souvenait plus du faste de Lucullus que de la vertu de Caton, qui après avoir affranchi ses esclaves en avait fait des citoyens de la République, pouvait-elle conserver ? Sa grandeur même et le manque d'homogénéité de tous les peuples qu'elle s'était assimilés furent la cause de sa faiblesse et du démembrement de son Empire.

Cependant, il faut le reconnaître, jamais peuple ne sut imposer avec plus d'autorité ses lois, ses usages, sa langue même aux nations vaincues, à ce point que Rome pût trouver, à l'apogée de sa puissance, ses plus vaillants défenseurs dans quelques-unes de ses colonies. Mais que pouvaient les dévouements dans l'effondrement général ? A l'heure où les nationalités voulurent revivre, nulle force n'eût été assez puissante pour les en empêcher. Ce qu'il eût fallu à Rome, c'était des alliances, et elle n'avait pour maintenir sa puissance que des peuples soumis à sa domination, qui, quels qu'eussent été leur respect et leur amour pour la métropole, devaient sûrement s'en détacher, le jour où voyant pâlir sa grandeur, ils pouvaient concevoir la certitude de recouvrer leur liberté ! C'est ainsi qu'au milieu des convulsions qui bouleversèrent les deux derniers siècles de l'Empire Romain, commença avec sa ruine l'affirmation plus intense des nationalités.

*
* *

Quant à l'Espagne, qui domine surtout la première moitié du XVIe siècle, tout en tenant compte des milieux différents, on est forcé de constater, ainsi que cela a lieu pour tous les empires, que son affaissement est dû à l'accroissement démesuré de sa puissance territoriale.

En effet, effacer les frontières, soumettre les peuples à sa domination, leur donner ses lois, les asservir au point de rendre toute révolte impossible et leur donner en échange la civilisation, leur faire partager sa propre gloire, au point d'amener l'unification presque complète des intérêts, ne saurait suffire pour arracher du cœur de l'homme le moi sacré, sans lequel il ne saurait y avoir ni indépendance ni dignité. Et qu'on y songe, les nations n'abdiquent jamais entièrement leur individualité. Que le moindre ébranlement vienne à se produire dans la puissance de ceux qui les ont soumises, elles en profiteront pour reconquérir leur liberté. C'est ainsi que Rome vit tour à tour échapper à sa domination les provinces qu'elle avait conquises; que l'Espagne, maîtresse des Pays-Bas, des Flandres, qui gouvernait un empire plus vaste que celui de Charlemagne, qui pénétrait en

Italie et faisait reculer la France avec Charles-Quint et troubler l'Angleterre avec Philippe II, vit en moins d'un siècle disparaître sa puissance et tomba au-dessous des peuples qu'elle avait vaincus. Ajoutons cependant que, comme pour hâter sa chute, cette Espagne, si fière, qui s'imposait à l'Europe et dominait l'Amérique, portait en elle les éléments de sa propre dissolution, dans la part toute puissante qu'elle avait faite à ses moines qui, la tenant sous le joug de l'inquisition, devaient forcément aviver les haines et se montrer impuissants à la défendre à l'heure du danger.

Mais nous ne saurions trop insister sur ce point, c'est que, comme l'Empire Romain, l'Espagne ayant à veiller à la sécurité d'un territoire immense, composé de peuples divers, ne le pouvait faire qu'au prix de sacrifices continuels, qui atténuaient chaque jour ses forces, et que les peuples soumis se font rarement les défenseurs de ceux qui les ont vaincus, ainsi que le prouvèrent les Pays-Bas qui furent les premiers à saper sa puissance. Aussi, les empires conquérants sont-ils fatalement voués à disparaître, seules les alliances les pourraient maintenir, et ils ne peuvent en avoir, leur essence même étant l'absortion continuelle des états moindres pour la satisfaction de leur accroissement inextinguible.

***

La France, comme l'Empire Romain, comme l'Espagne a été colosse ; elle a fait pencher les destinées de l'Europe sous le poids de son épée ; mais avec cette particularité unique dans les annales des empires, que tous les peuples, quelque grand que fut leur passé, ne se sont point relevés quand la fortune les a eu abandonnés : ainsi disparut la puissance des Pharaons et s'anéantit l'empire d'Alexandre. Et si Rome put recouvrer un certain lustre avec les Vespasien et les Trajan, la vertu des Antonin et des Marc-Aurèle ne fit point oublier les turpitudes des Caligula, des Néron et des Vitellius, pas plus que la sagesse de Dioclétien ne reconquit les bornes de l'empire de Caracalla. Quant à l'Espagne, depuis Charles-Quint et Philippe II jusqu'à la Sœur Patrocinio, nous pouvons suivre l'état de l'amoindrissement continuel de son territoire et son affaissement politique et moral. Seule, la France, grâce à son génie, a échappé à cette décomposition qui emporte la puissance des empires. En effet, ce qui fonde la grandeur de Rome, c'est la bravoure de ses légions et, comme la valeur de l'épée de Charles-Quint fera la gloire de l'Espagne, l'une et l'autre s'imposeront par la force, alors que la France, après avoir conquis, demandera la consécration de sa puissance à la civilisation, aux arts, au développement des facultés intellectuelles qui rapproche les races, au point de les réunir en une seule famille dans laquelle se confond l'humanité.

On ne manquera pas de remarquer que nous paraissons en contradiction avec nous-même, lorsqu'après avoir parlé de la civilisation romaine comme une des causes principales de sa grandeur, nous ne semblons maintenant rattacher sa puissance qu'à la seule valeur de ses légions. La contradiction n'est qu'apparente. Loin de nous la pensée de nier la force qu'acquit l'Empire Romain en portant la civilisation chez les Barbares ; mais constatons aussi qu'il ne sût point maîtriser son ambition des conquêtes, et que les mêmes armées qui portèrent la lumière dans les Gaules semèrent les villes grecques de ruines et marquèrent leur décadence dans les arts; que trop absorbé en lui-même, il ne rechercha jamais dans les raffinements de la civilisation qu'une source de jouissances propres à satisfaire une ambition effrénée, alors que, presque sur tous les champs de batailles, la France répandra son sang pour proclamer l'indépendance des peuples. C'est ainsi du reste qu'elle traversera les siècles de Clovis à Clarles Martel,de Pépin etCharlemagne à la Révolution française, sans jamais faillir à sa mission. Et qu'on invoque pas pour atténuer notre assertion l'obscurité et la barbarie dans lesquelles le Moyen âge était tombé. Il y a encore pour faire sentir l'action régénératrice de la France, Philippe Auguste et Saint-Louis, et sous la première branche des Valois, bien qu'elle dépasse quelque peu la période assignée à la fin du Moyen âge, de Philippe VI à Charles VIII, époque la plus funeste que la France ait eu à traverser, en dehors du despotisme de Louis XI qui affermit la monarchie, de la glorieuse mais stérile expédition de Charles VIII en Italie, elle eut Charles V et Bertrand Duguesclin qui déchirèrent le traité de Bretigny, et si la folie de Charles VI et la défaite d'Azincourt rétablirent le pouvoir des Anglais, Charles VII et Jeanne d'Arc rendirent la gloire et l'indépendance à la France.

En effet, de quelque côté que nous tournions nos regards et plus avant nous fouillons dans l'histoire du passé, faisant abstraction des époques néfastes où elle n'est plus que l'ombre d'elle-même et semble disparaître au milieu des convulsions et des guerres qui ruinèrent notre pays, chaque fois que sa puissance se manifeste, elle marque une étape dans le champ immense du progrès : c'est ainsi que Clovis, par la bataille de Soissons, fera cesser pour toujours la domination romaine dans les Gaules, étendant les possessions des Francs jusqu'à la Loire, et qu'il réunira sous sa puissance l'Aquitaine, la Saintonge, le Poitou, le Bordelais, le Pays de Toulouse, la Touraine, le Maine, l'Anjou, la Bretagne et la Lorraine, fondant définitiment la monarchie française; que Charles Martel, en 732, refoulera la barbarie qui avait déjà envahi une partie de l'Asie, de l'Afrique et conquis l'Espagne ; que Charlemagne étendra son sceptre sur l'Occident, faisant revivre les sciences et les arts ; qu'après les revendications territoriales, grâce à l'esprit philosophique du XVIIIme siècle, elle deviendra le foyer où se rétremperont les consciences timorées, vers lequel les nations tourneront leurs regards , attendant avec une foi profonde l'heure, où dans un élan sublime, elle proclamera les droits de l'homme et la liberté des peuples.

Donc, il faut le reconnaître, si l'Empire Romain, l'Espagne et la France, ont tour à tour dominé le monde par leur grandeur, seule, cette dernière, à survécu aux révolutions qui, après avoir bouleversé les nationalités, ont fini par absorber et détruire leur propre puissance : et cela, parce qu'elle est lumière, parce qu'elle est abnégation, et qu'elle semble s'être concentrée dans ces mots : Justice et Fraternité.

Qu'on nous permette d'ouvrir ici une paranthèse. Certes nous aimons notre patrie avec toute la force de notre âme ; mais quelle que soit notre vénération pour elle, nous ne voudrions point être accusé d'un vain chauvinisme ; nous savons qu'en la période de recueillement forcé auquel nous sommes condamnés nous ne pourrions trop être circonspects dans la manisfestation de nos sentiments, et qu'il y a peut-être un orgueil mal placé à parler de la gloire de la France alors que des soldats prussiens ont leurs garnisons dans les villes d'Alsace et de Lorraine ; mais quelles que soient les épreuves que nous ayons eues à subir, quels que soient les efforts que nous ayons encore à faire pour recouvrer nos frontières, rien ne sera au-dessus de notre volonté. Les peuples qui conservent l'amour de la patrie ne sont jamais entièrement vaincus.

Quand à nos sentiments envers cette France, si noble, si généreuse, si chevaleresque, si on les trouve exagérés, qu'on nous oppose ce que les autres puissances ont à offrir en échange du sang qu'elle a versé pour la justice et l'indépendance des nations. Et s'il en est qui aient oublié notre histoire, qu'ils aillent la demander aux petits de Washington, qu'ils la demandent à la Grèce, qu'ils la demandent à l'Italie.

Mais qu'importe l'histoire du passé ? Au milieu de l'état actuel de l'Europe, ce qu'il nous reste à envisager, étant donné le cadre restreint de cet ouvrage, c'est l'avenir des races latines en général et tout particulièrement de la France, sa puissance, sa grandeur étant la plus sûre garantie de l'intégrité de l'Espagne, de la Grèce et de l'Italie. Certes, une quadruple alliance ainsi formée, tout en sauvegardant les intérêts de chacune de ces puissances en ferait un rempart inexpugnable contre lequel se briseraient les efforts de toutes les coalitions.

Mais, disons-le une fois pour toutes, la politique telle qu'on l'envisage de nos jours, n'est point ainsi que la trop souvent conduite la France, non pour sa gloire, mais pour ses intérêts, une affaire de sentimentalité, et les monarchies, lorsque leur existence n'est point immédiatement en cause, sont peu soucieuses de l'alliance des républiques, qui font, au nom de la justice, l'égalité des citoyens et des plus vaillants les premiers serviteurs de la patrie. Aussi, cette alliance des peuples latins que nous voudrions voir réalisée, ne devons-nous point la considérer comme probable, tant que des intérêts dynastiques s'opposeront à leur fédération, base future des États-Unis d'Europe.

Il y a certainement là, une vaste étude pour les penseurs et les politiques, et nous voudrions apporter notre pierre, si modeste qu'elle soit, à l'édification de l'arche sainte d'où sortira, avec l'entière liberté des nations, une ère de justice et de paix ; mais nous avons hâte d'arriver, et l'heure n'est point propice pour la France de se laisser aller à des sentiments philosophiques qui ne peuvent s'allier à ses intérêts matériels. Or, le sentiment de la fraternité des peuples, annihilé par les pouvoirs monarchiques, aucune des puissances latines n'est prête à apporter son concours à la France, dans le cas où celle-ci viendrait à revendiquer ses provinces perdues.

Nous devons donc, alors que l'Allemagne pèse de tout le poids de sa puissance formidable sur les destinées de l'Europe, envisager quelles doivent être les conséquences d'un conflit, fatalement inévitable, entre la France et la monarchie des Hohenzollern.

Nous ne saurions également nous arrêter aux chances plus ou moins probables d'une guerre à brève échéance ; mais ce que nous nous efforcerons de démontrer, c'est s'il nous est possible de l'éviter et, dans la négative, quelles en seront les conséquences pour les vainqueurs et les destinées des peuples.

A peu de chose près, il faut le reconnaître, l'Allemagne est pour l'Europe ce que fût Napoléon : une autocratie militaire, suscitant les haines et les défiances, une gloire et une puissance dont la rapidité ont frappé d'éblouissement les vainqueurs eux-mêmes ; mais d'où est née la crainte jalouse qui arme l'Europe de toutes parts. Une volonté qui s'impose, la force primant le droit, d'où sortira un cataclysme qui emportera plus sûrement la confédération de l'Empire que les invasions de 1814, 1815 et 1870 n'ont ébranlé la puissance de la France.

En effet, vienne une défaite, et de même qu'à Leipsick la trahison des Saxons et des Wurtembergeois hâta la chute de Napoléon, de même le premier de nos soldats pénétrant en Allemagne et proclamant le respect et l'indépendance des nationalités, pourrait provoquer les défections et arracher ainsi aux serres prussiennes, la Bavière, la Saxe, le Wurtemberg, les villes libres, le Hanovre, la Westphalie, Bade, la Hesse et le Schleswig, qui tous, rampant à cette heure aux pieds du vieil empereur, regrettent, sous les charges qui les écrasent, leur liberté d'autrefois. Qu'on y songe, les nationalités diverses forment difficilement un peuple homogène et la désagrégation des empires, nous l'avons démontré au commencement de cette étude, dépend de la continuité du succès.

Mais, hâtons-nous de le dire, au point de vue des futurs combats qui se préparent, les défections ne doivent être comptées que comme une hypothèse et non comme un contingent pouvant nous assurer la victoire.

Sans nous arrêter aux considérations politiques qui ont amené l'Allemagne à l'apogée de sa grandeur, oubliant les fautes de l'Autriche lors de la campagne du Schleswig, prélude de la défaite de Sadowa, comme les fautes du second empire le seront des désastres de 1870, nous ne verrons en elle qu'une unité puissante et ne nous en occuperons qu'au point de vue de ses relations et de son antagonisme avec les puissances européennes.

La grandeur de l'Allemagne étant un fait accompli, pour qui juge impartialement les événements, la déclaration de guerre de 1870 fut une de ces monstruosités qui amènent forcément les catastrophes. Reconnaissons-le, si l'astuce de la Prusse sut nous attirer dans un piége, on ne peut nier que l'Empire, loin de chercher à l'éviter, s'y précipita aveuglément. Sans organisation, sans armée, il devint provocateur. La défaite s'acharna après nos soldats, Sedan couvrit de honte l'empire de Napoléon et Bazaine consacra la ruine de la patrie. Il était donné à la République de sauver l'honneur de la France ; mais cela ne suffit point pour ramener la victoire et nous dûmes subir les lois des vainqueurs. Si dures qu'elles fussent, s'il est vrai que nous ayons été les provocateurs, vaincus, nous ne pouvions éviter de solder les frais de la guerre ; mais il est des bornes que les vainqueurs ne sauraient dépasser sans danger. C'est ce que la Prusse n'a pas compris.

Enorgueillie de sa victoire, peu contente d'avoir effacé Iéna, elle voulut consacrer la ruine de la France, et 5 milliards furent la rançon qu'il nous fallût verser dans les mains des vainqueurs. Le paiement d'une pareille somme eut été cause de l'anéantissement de tout autre puissance, plus sûrement que les hécatombes des champs de batailles. Mais la France se releva, elle anticipa les versements convenus et put libérer son territoire avant l'époque fixée par le traité de paix. Le commerce, l'industrie reprirent avec une nouvelle ardeur et quand la Prusse, encore toute rayonnante de sa victoire, voulut emprunter quelques millions de marcks, elle ne put les trouver, alors qu'on avait offert à la France vaincue 40 milliards. De là un accroissement de haine de la race teutonne qui, sentant dès ce moment lui échapper une partie de sa victoire, eut de nouveau marché sur la grande vaincue sans l'intervention de la Russie.

Que cette dernière en reçoive ici l'expression des meilleurs sentiments de reconnaissance de tous les cœurs français.

Or, il faut que l'Allemagne le sache, quelque peu généreuse qu'elle se soit montrée, nous eussions tout oublié : la France à derrière elle assez de gloire pour n'être point amoindrie même par un désastre, et la honte de Sedan n'a éclaboussé que l'Empire. Nous eussions fait bon marché de notre or; mais toucher au sol sacré de la patrie, faire d'une partie de la vieille Gaule des provinces germaines, après les meurtres et l'incendie, avoir voulu faire des hommes de France les sujets fidèles de l'empereur d'Allemagne, c'est que l'Alsace et la Lorraine ont fièrement rendu impossible, c'est que la France ne pardonnera jamais, tant qu'elle ne les aura pas reconquises.

Mais reconnaissons-le, M. de Bismarck est un audacieux et la duplicité de sa politique a été jusqu'à ce jour couronnée de succès : cela a suffit pour que toutes les trompettes de la Renommée l'aient proclamé grand parmi les hommes. *Audaces furtuna juvat.* Nous comprenons cela. Mai dussions-nous susciter la pitié des grands politiques, toujours prêts à saluer la victoire et à s'incliner devant les faits accomplis, tel n'est cependant point notre avis. Quoique notre opinion doive tout d'abord paraître une hérésie, nous ne doutons pas que la plupart de ceux qui liront ces lignes ne finissent par partager notre opinion, s'ils veulent envisager avec nous quelles peuvent être les suites de l'œuvre de M. de Bismarck pour les destinées de l'Allemagne.

L'on ne peut nier que l'étape parcourue de 1815 à 1870 ne soit magnifique. Sans nous arrêter à ce qu'a d'anormal le traité qui donna la rive gauche du Rhin à la Prusse et fit ainsi de deux peuples qui, unis, eussent pu devenir les arbitres de l'Europe des adversaires irréconciliables, nous reconnaissons que, de la conquête du Schleswig à Sadowa, qui rendit la Prusse toute puissante en Allemagne, de Sadowa à la campagne de France et à la consécration de l'Empire Germanique, l'œuvre de la Prusse et de M. de Bismarck fut une suite ininterrompue de succès et, tout sentiment de loyauté à part, on peut dire que ce dernier fut certainement ce qu'on est convenu d'appeler un grand politique jusqu'au traité de Francfort.

Devant les résultats obtenus jusqu'à ce jour, nous n'ignorons pas que notre sentiment doive paraître erroné alors que nous refusons de nous incliner devant ce qu'on est convenu d'appeler le génie de M. de Bismarck. Français, on ne manquera pas de nous dire que nous sommes trop intéressé en la cause pour être un bon juge.

Examinons donc les faits.

Nous passerons rapidement sur la situation créée à la France et à l'Allemagne par la conclusion de la paix, chacun la connaît : haine impitoyable des deux côtés, armements formidables, ruine des peuples, tel est le plus clair du bilan actuel voulu par le prince chancelier ; situation inextricable, qui ne se dénouera que par la ruine de la France ou l'anéantissement de l'empire d'Allemagne.

Pouvait-il en être autrement ?

Nous n'hésitons pas à nous prononcer pour l'affirmative, et cela non seulement au point de vue de la gloire de la France mais encore pour la grandeur et la sécurité de l'Allemagne.

Supposons, ce qui est aujourd'hui irréalisable, au point de tension des gouvernements français et allemand, tant cela ressemblerait à une reculade de la part du chancelier de fer, peu coutumier du fait, bien qu'après avoir jeté un défi à la papauté en s'écriant qu'il n'irait jamais à Canossa, il se soit peu à peu incliné devant la curie romaine et fasse aujourd'hui son allié du cardinal Jacobini, supposons, disons-nous, que la Prusse se fut contentée des cinq milliards qu'elle a imposés pour rançon à la France ; allons plus loin encore et admettons qu'elle ait exigé le démantèlement de nos places fortes d'Alsace et de Lorraine, mais n'eût point touché à l'intégralité du territoire français. Certes, cela n'eut point été se montrer d'une générosité excessive et ne nous eut point paru au-dessus des forces du roi de Prusse lançant des proclamations dans lesquelles il déclarait solennellement faire la guerre à l'Empire et non au peuple français. Eh bien ! devant le respect de son territoire, devant la certitude que la Prusse, en acceptant la guerre que lui avait déclarée Napoléon III, n'avait point eu la pensée d'en faire un but de conquête, mais seulement de consacrer l'unité allemande en faisant revivre la gloire de l'Empire Germanique, jamais la République Française n'eut élevé la voix au nom de la patrie mutilée : nulle haine n'eut pu subsister entre les deux peuples, et la plus sainte et la plus féconde des alliances les eut fait marcher côte à côte dans la voie du progrès, des sciences et de la civilisation.

C'est ce que M. de Bismarck n'a pas compris, c'est la faute capitale qu'il a commise. Grisé par la victoire, il n'a point su modérer son ambition et les deux provinces arrachées à la France sont l'écueil où sont venues échouer les combinaisons machiavéliques de l'homme qui, après avoir fait l'unité allemande, n'a point su la rendre inébranlable en créant à ses côtés un ennemi irréconciliable.

Que ceux qui doutent prêtent l'oreille, qu'ils regardent à l'horizon, où s'entassent sur nos frontières les régiments de l'Empire, et ils entendront le bruit sourd des chariots apportant les munitions de guerre et les canons roulant sur leurs affûts ; ils verront les bastions des places fortes renforcés, les forts, les casemates, disposés pour de longs siéges, partout le maniement des armes et l'inquiétude sur les visages : les jeunes filles se recueillent et n'écoutent que distraites la voix aimée de ceux qu'elles sentent devoir les abandonner pour les champs de batailles ; les mères semblent avoir fait passer toute leur âme dans leurs yeux, tant elles regardent leurs fils avec crainte et avec amour et, dans l'angoisse qui les étreint, on sent toute l'incertitude terrible que leur réserve l'avenir. Les mêmes hommes qui dressaient des arcs de triomphe en l'honneur de Sedan ont perdu leur enthousiasme, parce qu'ils sentent vaciller les fruits de la victoire en leurs mains, et si parfois les laboureurs attardés entendent dans les plaines résonner la voix d'un clairon, ils se hâtent inquiets et croient voir tout à coup surgir un immense incendie dans le soleil plongeant dans la pourpre des soirs.

Tel est actuellement l'état des esprits en Allemagne, ainsi que le devait fatalement amener un jour le traité de Francfort.

Est-ce à dire que la France soit prête à revendiquer au nom du droit et à trancher par l'épée le lien qui rattache l'Alsace et la Lorraine à l'Allemagne? Non. A l'heure actuelle, elle ne saurait, sans danger, se montrer agressive envers sa redoutable ennemie. Elle est le droit, cela lui suffit; elle sent sa force grandir de toutes les inimitiés que l'Allemagne a soulevées contre elle. Elle saura attendre, sentant approcher l'heure des revendications qui lui rendront sûrement ses provinces du Rhin.

Et maintenant que nous avons examiné la situation politique de l'Allemagne, nous étudierons non seulement quelles pourraient mais encore quelles devraient être les alliances de la France et, en cas de guerre, les conséquences de la défaite pour l'Empire Germanique.

Nous n'envisagerons la question qu'au point de vue de la certitude de la victoire pour la France, car même à supposer qu'elle fût vaincue, nous ne pouvons admettre la dislocation de son territoire, puisqu'il ne peut par sa position géographique offrir une compensation à tous les appétits. Or l'amoindrissement de la France dans de telles conditions serait l'amoindrissement de toutes les autres puissances par la prépondérance colossale qu'elle donnerait à l'Allemagne.

Ainsi que nous l'avons dejà dit, l'alliance des races latines serait plus que suffisante pour arrêter la marche envahissante des Teutons ; mais les sympathies des peuples sont souvent peu conformes à celles des monarchies qui les dirigent et, dès lors, ils ne peuvent s'unir pour une action commune, dans laquelle les souverains craignent toujours de voir sombrer une partie de leur autorité. Puis, quelle que soit l'affinité de race, ils conservent toujours entre eux un sentiment de suspicion et de jalousie qui leur fait craindre de voir les nations voisines les dépasser en grandeur et en prospérité. Aussi ne nous occuperons-nous que de ceux qui ont un intérêt immédiat à la disparition de la puissance militaire de l'Allemagne.

Nous comprenons parfaitement que, dans l'état actuel de l'Europe, l'Espagne appauvrie se recueille, n'ayant nulle chance de ressaisir le sceptre de Charles-Quint. Et, quand seule la démocratie pourrait lui rendre une partie de sa grandeur et l'intégralité de son territoire, grâce à la ligue latine, son heure n'est point encore venue.

Quand à l'Italie, dont l'unité est faite du sang et de l'or français, de quelque servilité que se soient montrés la plupart de ses hommes d'État à l'égard de l'Allemagne, quelque ambition qu'elle ait de jouer un rôle prépondérant en Europe, elle se souviendra que, si haut qu'elle ait poussé certains hommes, elle n'a point pour cela abdiqué en leurs mains, et que si elle a donné Rome à la maison de Savoie, elle porte en son sein tout un peuple avide de liberté, qui saura se souvenir de Palestro, de Magenta et de Solférino, ces champs de batailles d'où est sortie son indépendance. Au reste, à défaut du souvenir, si l'intérêt ne peut en faire une alliée pour la France, il doit au moins l'assurer de sa neutralité, car cette dernière est encore le plus ferme garant de l'intégrité de son territoire. Que quelques divergences d'opinion, qu'un sentiment de jalousie coloniale aient fait un moment des nations sœurs des antagonistes, cela ne saurait suffire pour en faire des ennemies irréconciliables, et si l'Italie ne croit point trouver aujourd'hui d'assez grandes compensations dans l'alliance française, elle aura assez de sens politique pour conserver sa neutralité, afin de pouvoir opposer toutes ses forces à une restauration du pouvoir temporel, toujours possible, grâce aux menées de M. de Bismarck; elle songera que l'amoindrissement de la France serait l'amoindrissement de l'Italie et que l'Autriche n'a peut-être point encore oublié les chemins de la Vénétie et des plaines Lombardes.

Le cadre de cet ouvrage est trop restreint pour que nous nous arrêtions sur le rôle que pourrait jouer la Turquie ou la Grèce en cas d'un conflit européen. La Belgique, la Hollande, la Suisse ne sauraient nous arrêter davantage, leur neutralité intérressant également toutes les puissances. Seule l'Angleterre pourrait être un facteur puissant qui, s'il ne parvenait à faire pencher la balance en faveur de ses alliés, pourrait du moins rendre plus terrible encore le tragique duel qui se prépare. Mais des intérêts multiples nous paraissent devoir l'éloigner du continent, car elle ne saurait être ni l'alliée de la France : elle la jalouse, ni de l'Allemagne : elle la voit grandir avec crainte

Or, il faut le constater, dans l'état des esprits en Angleterre, ce n'est qu'avec la plus vive appréhension qu'on y envisage les résultats d'une alliance Franco-Russe, grâce à laquelle la victoire rendant ses possessions du Rhin à la France, dégagerait en même temps la Russie vis-à-vis de l'Allemagne et lui permettrait de diriger un jour toutes ses forces en Orient, menaçant ainsi l'empire des Indes : situation doublement inextricable pour l'Angleterre qui, dans l'Allemagne victorieuse, verrait à ses portes une ennemie formidable, capable non-seulement de menacer son territoire, mais qui sûrement ferait disparaître à son profit la Belgique et la Hollande, se rendant ainsi maîtresse de la Baltique, de la mer du Nord et de la Manche.

Bien d'autres considérations nous fournissent la preuve de l'intérêt qu'a l'Angleterre à garder sa neutralité, afin de conserver toutes ses forces pour l'heure où elle sera elle-même aux prises avec les événements, qui quelquefois modifient les plus puissants empires au moment où ils se reposent en pleine sécurité. Mais ce sont là des questions auxquelles nous ne saurions donner ici tout le développement qu'elles comportent et nous avons hâte d'arriver aux puissances directement en cause et qui, dans leur propre intérêt, ne doivent point hésiter à jeter leur épée dans la balance en cas de conflit.

Nous nous trouvons ainsi en présence de l'Allemagne,

de l'Autriche et de la Russie, ajoutons même du Danemark à qui doit forcément revenir le Schleswig.

On a longtemps parlé et quelques politiques paraissent vouloir encore conserver la légende de l'alliance des trois empires du Nord. Quant à nous, nous n'hésitons pas à le dire, notre avis est qu'elle n'a jamais eu de profondes racines, nous croyons même que, quelque désir qu'ait eu la Prusse de la voir se réaliser, elle n'a jamais existé qu'à l'état de combinaison bâtarde, qui se serait disloquée au moindre choc. Il se peut que les circonstances aient un moment rapproché la volonté des trois empereurs ; mais jamais elles n'ont été assez puissantes pour les réunir dans une politique commune.

En effet, leurs intérêts diamétralement opposés ne sauraient les faire marcher vers un but commun. Que l'Allemagne recherche la neutralité de la Russie et l'alliance de l'Autriche, cela se conçoit parfaitement, l'une et l'autre lui permettant, en cas de conflit, de diriger toutes ses forces vers la France. Mais quelles compensations peut-elle donner à la Russie ? Le traité de San-Stéfano nous a donné la mesure de ce qu'elle peut faire, obligée qu'elle est de ménager les susceptibités de l'Autriche en Orient. Quant à cette dernière, son pouvoir à lui accorder une concession territoriale est encore moindre, car l'Autriche, pour quelques principautés danubiennes, et c'est vers ce but que la pousse le solitaire de Varzin, ne saurait se heurter à la Russie sans s'exposer aux plus terribles conséquences d'une guerre désastreuse.

Nous avouons avoir quelque peine à comprendre comment un rapprochement a pu s'opérer entre la Prusse et l'Autriche après la campagne de 1866; nous ne pouvons nous rendre compte de l'aberration qui a poussé ses hommes d'État à rechercher un appui à Berlin, alors que ses intérêts et sa dignité leur faisaient un devoir d'aller vers des alliés qui pussent l'aider à reconquérir sa puissance perdue en Allemagne. Il est vrai qu'après Sadowa et surtout après 1870, la Prusse n'a cessé de se montrer la plus fidèle amie de l'Autriche; elle a semblé même un instant la prendre sous sa tutelle et la pousser vers l'Orient, afin de lui faire reconquérir sur le Danube le prestige perdu dans la campagne de Bohême, et c'est à ce piège grossier qu'elle paraît s'être prêtée, sans songer qu'en agissant ainsi elle devait forcément trouver dans la Russie un adversaire, qui ne saurait supporter de voir balancer sa puissance dans les états slaves, et qu'elle devrait un jour la combattre, pour se maintenir sur les bords du Danube, comme elle avait combattu la Prusse en Bohême. Nous ne saurions douter que, fidèle à la duplicité de sa politique, la Prusse ne lui ait assuré son concours dans le cas d'une guerre avec la Russie. Mais, dans une éventualité semblable, a-t-elle donc songé que la France et l'Italie pourraient alors entrer en ligne et réclamer, l'une l'Alsace et la Lorraine, l'autre Trieste et le Tyrol. De quelle efficacité serait alors l'alliance prussienne? Quelle garantie a-t-elle même de sa sincérité? A-t-elle oublié que le chancelier d'Allemagne est surtout l'homme des circonstances, la facilité avec laquelle il sait rompre les engagements les plus sacrés et, que celui qui a eu l'impudence de jeter à la face du monde civilisé cette insolente maxime : la force prime le droit et s'est gorgé des milliards de la France, ne saurait lui accorder son appui, sans la certitude d'une compensation pour lui-même.

Nous n'aurons certes point la naïveté de demander où la Prusse la pourrait rencontrer dans le cas d'une guerre Austro-Russe, mais quelle chance elle aurait de voir satisfaire son ambition devant la triple alliance de la France, de la Russie et de l'Italie, et n'eut-elle même à combattre que deux de ces puissances, trop d'incertitudes règneraient à cet égard póur qu'elle consentit à se jeter dans la mêlée, et l'Autriche, livrée à ses propres forces, pourrait se voir alors forcée d'abondonner les principautés conquises sur le Danube. Quelle y songe, elle ne saurait être pour la Prusse qu'un contingent destiné à garantir l'intégrité de l'Empire d'Allemagne, à peine une alliée, et le dédain dont l'a frappée le prince Frédérick Charles, en la disant routinière de la défaite, devrait suffire à dessiller les yeux des hommes qui ont à charge de veiller sur les destinées de leur patrie.

On doit le reconnaître, s'il est des susceptibilités qu'il faut savoir contraindre, il est aussi telles circonstances qu'il faut savoir dominer, afin de reconquérir une situation perdue.

L'Autriche toute puissante en Allemagne, s'imposant à l'Italie des Alpes à l'Adriatique, vit tout à coup sombrer son autorité sur les champs de batailles de Magenta et de Solférino, et la campagne de Bohême lui enleva la Vénétie et ruina complètement son influence.

De ces deux faits, il semblait devoir forcément résulter un même ressentiment pour la France et la Prusse qui, tour à tour, avaient sapé sa puissance. Il n'en a cependant rien été et, seule, la France semble avoir conservé la rancune de l'Autriche. C'est là un phénomène politique que nous constatons sans l'expliquer. Quoiqu'il en soit, nous n'hésitons pas à le dire, l'Autriche fait fausse route en recherchant un appui à Berlin et ne saurait, dans ces conditions, ni recouvrer la puissance perdue ni même conserver l'autorité qui lui est nécessaire, pour remplir dignement le rôle pondérateur qu'elle pourrait être appelée à jouer dans le concert européen. En effet, l'Autriche s'alliant à la Prusse, c'est tout à la fois accepter pour adversaires la France et la Russie, c'est, en cas de conflit, encourager l'Italie dans ses revendications sur l'Adriatique et s'exposer à voir la Hongrie se détacher de son empire dans un moment de calamité. Mais, de quelques replis que s'enveloppe la politique de M. de Bismarck, nous ne saurions accepter une alliance Autro-Prussienne, et nous ne doutons pas qu'il en soit de même à Vienne, le jour où les hommes d'État autrichiens auront à cœur de rendre à leur pays la prépondérance qu'il a le droit d'avoir en Allemagne. Il ne faut pour cela qu'une heure de claivoyance, car elle a cette bonne fortune d'avoir avec la France et la Russie un même obstacle à surmonter, pour sauvegarder des intérêts diamétralement opposés et de justes ambitions à satisfaire. Nous n'ignorons pas que les événements qui se déroulent en Orient semblent protester contre nos paroles; mais ce sont là des faits superficiels, des froissements qu'il serait facile d'apaiser, soit par des concessions réciproques où, mieux encore, en assurant à l'Autriche la réalisation de ses projets en Allemagne avant Sadowa. Qu'importe en effet, à l'Autriche quelques principautés danubiennes? Les luttes entre le panslavisme et le pangermanisme ne peuvent qu'être stériles, car un accroissement de puissance devant fatalement amener un accroissement de haines entre les peuples, ce-sont là des facteurs qui ne sauraient être dignes de la civilisation de deux empires qui comptent ensemble 125 millions d'hommes. Que les slaves proclament leur indépendance où qu'ils se rangent sous la tutelle de la Russie, qu'importe ? Ce n'est point dans les Balkans que l'Autriche et l'empire moscovite doivent se rencontrer. Il ne nous convient pas, dans cette étude, d'indiquer sur quelles bases l'accord doit intervenir entre ces deux puissances ; mais ce que nous pouvons d'ores et déjà affirmer, c'est que la triple alliance de la France, de l'Autriche et de la Russie, la seule qui soit rationnelle, en laissant une plus grande latitude à cette dernière en Orient, assurera à l'Autriche son ancienne prépondérance en Allemagne et rendra à la France l'Alsace et la Lorraine.

Quant à la Russie, trop de sympathies et trop d'intérêts la lient à la France pour que toutes deux n'aient pas le même ennemi à combattre : A l'une, ses provinces perdues, à l'autre, la Pologne allemande ; au Danemark, le Schleswig ; à l'Europe entière, la ruine de l'Allemagne : que le Hanovre, la Saxe, le Wurtemberg, la Bavière, les villes de Stuttgard, de Francfort recouvrent leur indépendance.

Respect à toutes les nationalités d'outre-Rhin ; mais que le lien qui les unit à la Prusse soit brisé. De la destruction de l'Empire d'Allemagne dépend la paix de l'Europe.

Nous croyons avoir suffisamment démontré, au moins dans les détails qui les concernent en particulier, les avantages que chacune des puissances européennes a, soit à conserver sa neutralité, soit à contracter une alliance avec la France, dans le but d'arrêter la marche ascensionnelle de l'Allemagne vers la suprématie universelle. Il ne nous reste plus qu'à considérer l'état de l'Europe pris dans son ensemble. C'est ce que nous ferons aussi brièvement que possible.

Nous ne nous arrêterons point aux élucubrations plus ou moins officielles des écrivains allemands, agrandissant les limites de l'empire des Hohenzollern au delà de celles de l'empire de Charlemagne. Quelque sympathie que les Kratkoffs nous inspirent, nous ne pouvons toujours partager leurs idées ; quelque impatience que nous ayons de voir la France recouvrer ses anciennes frontières, nous ne saurions perdre de vue l'intérêt général, et c'est à ce dernier que nous voulons strictement nous tenir.

Pour le philosophe, le diplomate ou simplement l'homme qui juge superficiellement les événements, l'étape parcourue par la Prusse depuis trois quarts de siècle, d'Iéna à 1870, est toute faite d'étude, de patience, d'énergie et de gloire : après l'écrasement, le travail, le recueillement, la reconstitution pierre à pierre de l'édifice brisé, puis les revendications du patriotisme, l'affirmation de la nationalité : ce qui est un droit ; puis la vengeance, puis l'agrandissement de sa puissance au détriment des provinces conquises : ce qui est un crime, tout parait avoir également servi à établir la prépondérance prussienne en Europe. Or, par la même raison que nous admirons et respectons la reconstitution de la Prusse, nous ne saurions admettre la suprématie exercée envers les faibles, car jamais le droit de conquête ne prévalut contre la volonté des vaincus. Mais en dehors de toute justice, de tout sentiment humanitaire nous avons à constater la puissance acquise et ses conséquences fatales pour l'avenir de l'Europe.

Or, après la conquête du Schleswig, après Sedan, après la campagne de 1870, l'équilibre européen fut non seulement rompu, mais encore tous les fronts s'inclinèrent devant M. de Bismarck qui semblait pontifier du haut de son char de victoire, imposant ses volontés à toutes les chancelleries. Ce fut une heure d'éblouissement contre laquelle ne devait pas tarder à réagir le bon sens des peuples qui virent dans le colosse prussien le minotaure prêt à absorber leurs nationalités.

De là cette suspicion légitime d'où sont nés les armements formidables qui apporteront la ruine et la désolation, si l'Europe liguée ne se lève et broie sous ses armes le militarisme allemand, qui semble avoir fait passer dans les mœurs de son armée la rapacité farouche des hordes d'Attila.

Nous ne saurions trop insister sur les conséquences de la puissance militaire de l'Allemagne, non seulement à cause de la prépondérance acquise, mais encore au point de vue budgétaire, et nous ne saurions mieux faire, en cette occasion, que de publier les divers budgets de la guerre auxquels les victoires de M. de Bismarck ont condamné les puissances directement menacées par les accroissements incessants de l'Allemagne, ou celles encore qui ont dû augmenter leurs charges sous peine de voir leur influence disparaître du concert européen.

C'est ainsi que la France paie annuellement 850 millions pour l'entretien de son armée ; la Grande-Bretagne y compris l'Irlande, les Indes et l'Égypte, 792,664,866 ; l'empire d'Allemagne, 570,322,215 ; l'Autriche-Hongrie avec la Bosnie et l'Herzégovine, 338,139,416 ; la Russie,

1 milliard 162 millions ; la Belgique, 45,138,042 ; le Danemark, 28,036,710 ; la Hollande, 89,927,528 ; la Serbie, 10,471,860 ; l'Italie, 302,905,306 : soit, en y comprenant l'Espagne, la Suède et la Norwège, la Suisse, la Turquie, la Grèce, la Roumanie et le Portugal, une somme de près de cinq milliards de francs qui sont annuellement dépensés, afin de pouvoir résister à l'ambition insatiable de M. de Bismarck.

Or, devant une telle situation, après avoir envisagé l'intérêt particulier des puissances européennes qu'intéresse directement la grandeur de l'Allemagne, il ne nous reste plus qu'à indiquer brièvement qu'elles doivent fatalement en être les conséquences.

Ainsi que nous l'avons déjà dit, si l'Allemagne, moins grisée par ses victoires, eut su mettre un frein à son ambition et, sans arracher l'Alsace et la Lorraine à la France, se fut contentée de l'énorme rançon de cinq milliards, de sa gloire et de la reconstitution de son empire, elle eut été en droit de considérer sa puissance comme inébranlable, la France n'ayant pas eu à lui demander compte de ses provinces conquises, la Russie n'ayant point senti à ses portes une nation conquérante, n'aspirant qu'à donner des lois à l'Europe.

La Prusse victorieuse, ne sut point être magnanime dans la victoire, c'est ce qui la fait craindre, mais n'a pu la faire estimer ; quant à M. de Bismarck qui avait su préparer la victoire, il ne sut point en consolider les résultats, et le traité de Francfort, nous arrachant l'Alsace et la Lorraine, demeurera la faute capitale devant laquelle sombrera la puissance de l'Allemagne. En effet, de quelque côté que nous tournions nos regards, si nous nous plaçons au point de vue de l'intérêt primordial des peuples, nous ne voyons qu'ennemis entourant le colosse allemand, qui tous ont un intérêt égal à le voir disparaître.

A l'Est, la Russie sans cesse arrêtée dans ses aspirations panslavistes par la cour de Berlin ; au Nord, le Schleswig à reconquérir par le Danemark ; au Nord-Ouest, la Hollande et la Belgique craintives pour leur indépendance ; à l'Ouest, la France, qui n'abandonnera jamais volontairement l'Alsace et la Lorraine ; au Sud-Est, l'Autriche, qui à Sadowa à effacer et sa prépondérance à reconquérir en Allemagne.

Dans une telle situation, qu'elle que soit l'énergie d'un peuple, quand sa puissance n'est point basée sur la justice, quand il n'a d'autres arguments que la force, pour établir son autorité, rien ne saurait retarder l'heure fatale des événements qui précipiteront sa chute, ses jours sont comptés et rien ne saurait plus l'arracher à la ruine dont il a abreuvé ses adversaires.

Maintenant que nous touchons au terme que nous nous sommes assigné, qu'il nous soit permis de faire remarquer que nous avons constamment négligé de faire intervenir les noms des hommes qui, par leur patriotisme et leurs relations politiques, hâtent chaque jour le mouvement de réprobation qui se manifeste à l'égard de l'Allemagne. Nous n'avons point voulu que leur autorité se manifestât dans une digression, afin de laisser aux faits le soin de démontrer la valeur de nos arguments.

Mais, quelle que soit l'opinion qu'on se soit formée en lisant ces lignes, nous repoussons énergiquement la pensée qu'on pourrait nous prêter de désirer voir se dénouer brusquement sur les champs de batailles les destinées de l'Europe. Certes, si nous n'écoutions que notre patriotisme, nous pouvons l'avouer, ce ne serait point sans regret que nous verrions sans cesse retarder l'heure des revendications; mais un sentiment politique plus réfléchi, nous oblige à attendre des circonstances le moment propice où la France pourra fièrement jeter son épée dans la balance et faire flotter de nouveau ses drapeaux sur le Rhin.

Que l'Allemagne jalouse veille comme la tigresse en son antre, prête à se défendre et à semer le carnage partout où se porteront ses pas. Qu'importe ? Les rugissements du fauve s'éteindront et, plus grande aura été la crainte, plus joyeuse sera la curée. Que l'Europe se recueille, que les alliances se fondent, que contre le même ennemi qui les menace tous les peuples se lèvent quand l'heure des revendications aura sonné, qu'ils se ruent tous ensemble et écrasent ceux qui rêvaient la suprématie européenne. Quelles que soient les avances de M. de Bismarck envers l'Autriche, la France et la Russie, chacune d'elles saura se souvenir: la Russie des conséquences du traité de San-Stéfano, l'Autriche de Sadowa, la France de l'Alsace et de la Lorraine arrachées au sol de la patrie. Le Danemark mutilé secouera le joug et redemandera le Schleswig. La Belgique et la Hollande craintives pour leur indépendance sauront défendre leurs frontières contre les projets du terrible chancelier, et cet homme néfaste qui voulait asservir l'Europe sous ses lois, loin d'en imposer par la gloire n'aura pu que faire surgir la haine et vibrer dans tous les cœurs le *delenda Carthago* du vieux Caton, que les peuples doivent jeter au front de l'Allemagne, sentant que leur indépendance est à ce prix.

Moullot. — Marseille

De tous les établissements balnéaires qui bordent la Méditerranée, nous n'en connaissons point qui offre un site plus pittoresque que celui que dirige, à Marseille, M Mancip. — Les Grands Bains des Catalans, sur un fond de sable incomparable, à l'abri des vents qui, si souvent, interrompent les projets de tout une colonie de baigneurs, présentent à ceux que leur bonne fortune dirige vers ces parages, moyennant un prix peu élevé, toutes les commodités désirables. Aussi ne saurions-nous trop les recommander à ceux qui aux agréments de la baignade tiennent à joindre les relations d'une bonne compagnie.

[illegible] Marseille

www.ingramcontent.com/pod-product-compliance
Ingram Content Group UK Ltd.
Pitfield, Milton Keynes, MK11 3LW, UK
UKHW021029200726
13857UKWH00004B/1670